Sterben –
Der Höhepunkt des Lebens

Ein medizinisch-biblisches Zeugnis
von
Dr. med. Hartmut Maier-Gerber

Mit ausgesuchten Bibelstellen,
Liedversen und Gebeten
– auch zum Vorlesen am Krankenbett

R. BROCKHAUS

R. Brockhaus Taschenbuch Bd. 338

Die von dem Autor für seinen ärztlich-seelsorgerlichen Dienst ausgesuchten und in 25 Jahren immer wieder verwendeten Bibelstellen sind zusammen mit von ihm gewählten Liedversen und freien Gebeten zum Vorlesen am Krankenbett jeweils auf der linken Seite dieses Buches nach der Elberfelder Übersetzung abgedruckt.

11. Auflage 1996
52.–54. Tausend

Umschlaggestaltung: Dietmar Reichert, Dormagen
Umschlagfoto: Ulrich Schaffer, Kanada
Gesamtherstellung: Breklumer Druckerei Manfred Siegel KG
ISBN 3-417-20338-4
Bestell-Nr. 220338

Dieses Buch ist gedruckt auf 100 % Recyclingpapier

Diese kühne Behauptung, Sterben sei der Höhepunkt des Lebens, kann der Mensch, wenn er ehrlich ist, aus sich heraus nie aufstellen. Keiner entkommt der Todesangst, solange er nur auf sich selbst vertraut. Sie ist die allen Menschen in der Gottferne gemeinsame quälende Geißel. Wie von einer unsichtbaren Macht werden sie von dieser Angst beherrscht und gelähmt – bewußt, unterbewußt oder unbewußt. Selbst David bezeugt: »Mein Herz ängstigte mich in meinem Leibe und des Todes Furcht ist auf mich gefallen.« Und der Apostel Paulus ruft anfänglich noch verzweifelt aus: »Ich elender Mensch, wer wird mich herausreißen aus dem Leibe dieses Todes?«

Ps. 55,4

Röm. 7,24

Wir Ärzte kennen nur zu gut die oft nur leise und zaghaft vorgebrachte Frage: »Herr Doktor, muß ich sterben? Bitte helfen Sie mir, ich habe schreckliche Angst.« Viele, die diese Frage in kritischen Stunden nicht stellen, haben nur nicht den Mut dazu. Welche Hilfe – außer gewissenhaftester ärztlicher Versorgung – erwartet der Patient eigentlich, wenn nicht die seines Schöpfers?

Ich durfte vor Jahren Initiator und verantwortlicher Gestalter eines Spezialkrankenhauses für Chronischkranke sein. Darin ordnete ich eine große Abteilung für Tumorkranke an. In ihr wurden viele junge und ältere Menschen auf ihrer letzten Wegstrecke medizinisch, menschlich und geistlich begleitet. Schon in der ersten Zeit waren es über 300 Sterbende, die mit dem jungen Team von Ärzten, Pflegern und Schwestern zu betreuen waren.

Ein jüngerer, mir befreundeter Kollege von außer-

Johannes 14,2 + 3

»In meines Vaters Hause sind viele Wohnungen. Wenn es nicht so wäre, würde ich euch gesagt haben, ich gehe hin, euch die Stätte zu bereiten.

Und wenn ich hingegangen bin und euch die Stätte bereitet habe, komme ich wieder und werde euch zu mir nehmen, auf daß auch ihr dort seid, wo ich bin.«

Gebet:

Du hast, o Gott und Vater, durch keinen Geringeren als durch unseren Herrn Jesus Christus unbezweifelbar bestätigen lassen, daß Du ein Vaterhaus in der Herrlichkeit bereitet hast, in dem auf jeden von uns schon heute eine Wohnung wartet und daß unser geliebter Herr Jesus Christus hingegangen ist, für jeden von uns diese Wohnung auf den Einzug vorzubereiten, um dann wiederzukommen und uns abzuholen.
Welche Freude! Amen.

halb sagte mir einmal: »Ihr seid ja nur ein Sterbekrankenhaus; wie entsetzlich, zu euch eingewiesen zu werden.« Ich habe ihm geantwortet: »Für uns glaubende Christen ist Sterben der Höhepunkt des Lebens. In solcher Situation könntest sogar du dich einmal entscheiden, zu uns zu kommen, gerade weil wir so denken.« Übrigens werden nicht nur unheilbar Kranke und plötzlich betroffene Herzinfarkt- oder Schlaganfall-Patienten von einem raschen Tod bedroht. In der Zeit ständig zunehmender Gefahr eines Giftgas- oder sogar Atomkrieges schwebt diese Drohung ständig über uns allen.

Kann man die Todesangst wirklich überwinden? Wenn ja, dann sollten wir – wie meine Patienten der letzten Wegstrecke – nichts unversucht lassen, dieser heimlichen Macht zu entrinnen. Nur dann können wir wirklich von Herzen froh, in aller Gefahr unbelastet sein und wahre Lebensfreude für uns und unsere Familien erleben.

Das Thema Sterben und Tod wird in den letzten Jahren in zunehmendem Maße öffentlich diskutiert. Dabei fällt auf, daß dies mehr in der säkularen Publizistik als im christlichen Raume der Fall ist.

Über dieses Thema wurde in jüngerer Zeit auch wissenschaftlich viel gearbeitet. Es waren Ärzte, Psychologen und Theologen, man darf sagen Wissenschaftler, die fleißig, gründlich und vorurteilslos, allerdings bewußt ohne jede Glaubensvoraussetzung, über das Phänomen des Sterbens nachdachten, forschten und schrieben. Den Anstoß dazu boten vor einigen Jahren erstmalige Veröffentlichungen aus dem Bereich der sogenannten Reanimation,

Wenn ich einmal soll scheiden,
so scheide nicht von mir;
wenn ich den Tod soll leiden,
so tritt du dann herfür;
wenn mir am allerbängsten
wird um das Herze sein,
so reiß mich aus den Ängsten
kraft deiner Angst und Pein.

Erscheine mir zum Schilde,
zum Trost in meinem Tod,
und laß mich sehn dein Bilde
in deiner Kreuzesnot.
Da will ich nach dir blicken,
da will ich glaubensvoll
fest an mein Herz dich drücken.
Wer so stirbt, der stirbt wohl.

Paul Gerhardt

das heißt Wiederbelebung von Menschen, welche die Schwelle des klinischen Todes überschritten hatten, aber vor Erreichen der Schwelle des biologischen Todes durch apparative Maßnahmen wieder ins Leibesleben zurückgeholt werden konnten.

Es liegen in der Zwischenzeit schon viele tausend Befragungsprotokolle von Patienten vor, welche solcherart wiederbelebt, befragt und untersucht werden konnten. Aus der wissenschaftlich exakten Auswertung dieser Berichte ist eine neue Sterbephysiologie und Sterbepsychologie mit entsprechender Fachliteratur entstanden; ja, es sind wissenschaftliche Lehrstühle für psychologische Sterbehilfe zunächst in Chicago und dann in anderen Universitäten der Welt eingerichtet worden. Man hat gelernt, nicht nur von »Erster Hilfe«, sondern auch von »Letzter Hilfe« zu sprechen, ganz ohne Tendenz oder irgendeiner Schwärmerei zu verfallen.

Ich persönlich begrüße diese Diskussionen und die daraus resultierenden Publikationen über das Sterben und den Tod auch im weltlich-wissenschaftlichen Raume. Die Gefahr einer Verharmlosung des Todes halte ich für weit geringer als den Schaden der Sklaverei einer alles beherrschenden Todesfurcht.

Wir ahnen gar nicht, welcher lähmende Einfluß von den Jahrtausende alten schreckensvollen und unbiblischen Vorstellungen über das Sterben und den Tod ausgegangen ist und noch heute ausgeht. Wie korrekturbedürftig erweist sich heute alles, was bisher darüber gesagt oder auch durch ängstliche Tabus in der übersteigerten Phantasie der Menschen wachgehalten wurde.

Joh. 17,24

»Vater, ich will, daß, wo ich bin, auch die bei mir seien, die du mir gegeben hast, daß sie meine Herrlichkeit schauen.«

Gebet:

Geliebter Herr Jesus Christus, wie danke ich Dir für Deine Bitte zum Vater, daß auch ich da sein soll, wo Du bist, und Deine Herrlichkeit allezeit schauen darf. Weil der Vater Dich liebt und alle Deine Bitten erhört, bin ich ganz gewiß, daß auch diese Bitte erfüllt wird und ich sein werde, wo Du bist. Anbetung sei Dir. Amen.

Der Theologe Johann Christoph Hampe schreibt in seinem teils umstrittenen Buch »Sterben ist doch ganz anders«:

»Unsere Gedanken an Sterben und Tod sind neurotisch belastet. Das Unterbewußtsein schleppt Ängste mit, die uns Jahrhunderte aufgeladen haben. Unsere Zeitgenossen lösen sich heute ohne viel Schwierigkeit vom christlichen Verständnis des Lebens, aber zäh hängen sie an den mittelalterlichen Vorstellungen des Sterbens.

Da weiß jedermann noch, daß das Gericht auf uns wartet und im Sterben bereits seinen Anfang nimmt. Und Gericht, das ist eine einfache Rechnung, eine unzweideutige Alternative, die Schafe zur Rechten, die Böcke zur Linken, wie es der Herr gesagt hat.«

»Aus dem Erlöser, der die Tiefe des Menschen versteht und sein Wollen erkennt, wurde der unnachsichtig strafende Herr, vor dem der Mensch in den Schutzmantel der himmlischen Maikönigin und in den Arm der Fürsprache gewährenden Heiligen flüchtet.«

Ich habe keine Bedenken, wenn Menschen, gerade solche, die noch völlig ohne jeden Glauben sind, in denen aber mit Sicherheit die Todesangst als unheimliche, lähmende Macht schlummert, solche Bücher lesen. Sie führen zum Nachdenken, zum Erkennen immaterieller Wirklichkeit, zur Lösung von belastenden Vorurteilen und möglicherweise zum Aufleuchten der Realitäten des lebendigen Gottes. Damit aber öffnen sie den Bereich des Glaubens,

Ach nein, das ist kein Sterben,
wenn Christen heimwärts gehn,
es ist nur ein Verwandeln
vom Glauben in das Sehn.

Es ist ein Aufwärtsschwingen,
dahin, wo sie zuhaus,
von Fremdlingschaft zur Freiheit,
zur Ruh vom Weltgebraus.

Sie gehn vom Erdendunkel
ins helle, schöne Licht,
sie tauschen Kreuz mit Krone
vor Jesu Angesicht.

Das Perlentor bleibt offen,
bis Gott spricht: Nun ist's Zeit.
Und alles Harr'n und Hoffen
wird Schaun und Seligkeit.

Hedwig von Redern

wobei zunächst die Möglichkeit eines verharmlosenden Irrglaubens nicht ganz verneint werden kann. In der Begegnung mit dem heiligen Gott wird er zurechtgerückt. Bei welchem Glaubenseinstieg besteht keine Gefahr?

Ich weiß, daß mancherorts vor solchen vulgärpublizistischen Veröffentlichungen in Taschenbuchformat als einem gefährlichen Betrug und einem Unterschlagen des Gerichts dringend gewarnt wird. Dies gilt für einige schillernde Bestseller und die einschlägigen Artikel der Regenbogenpresse ganz bestimmt. Seriösen Berichten verantwortungsbewußter Ärzte und Psychologen kann aber die Redlichkeit nicht abgesprochen werden, ohne den Vorwurf gewärtigen zu müssen, gerade wir »Frommen« wollten nicht auf die Angst als Haupttriebkraft zur Bekehrung verzichten.

Sicher mischt sich der Böse in jede biblische Verkündigung ein durch Übertreibung oder Verharmlosung. Dies gilt jedoch nicht nur für die »Frohbotschaft«, sondern noch viel mehr für die »Drohbotschaft«, denn das Geschäft mit der Angst war schon immer die Strategie der Finsternis, manchmal im frommen Gewande.

Außerdem berichten alle Protokolle klinisch Verstorbener und Wiederbelebter nur von einem Vor- oder Zwischen-Zustand, der vor dem eigentlichen Eintritt in die geistliche Welt mit ihren erst dann erkennbaren Machtbereichen liegt. Er dauert wohl nur kurz. Von dem, was danach kommt, hat noch kein Protokoll berichtet. Wir sollten daher nicht voreilig alles verwerfen, was, richtig gebraucht, auch auf

Joh. 17,22

»Vater, ich habe ihnen gegeben die Herrlichkeit, die du mir gegeben hast.«

Gebet:

Lieber Vater, wir schämen uns, Deine Herrlichkeit in dem, was Jesus Christus uns gezeigt hat, nicht gleich erkannt zu haben. Lasse sie uns aufleuchten und laß uns wissen, daß wir in lauter Herrlichkeit wandeln und weilen, sobald wir die Augen hier in der Gewißheit unserer Erlösung durch Golgatha geschlossen und bei Dir im Lichte aufgetan haben. Dafür danken wir alle Tage neu. Amen.

dem Wege zum christozentrischen Glauben hilfreich sein kann.

Auch im christlichen Raume beginnt man langsam, das Thema Sterben und Tod vermehrt und von einer neuen Seite zu bewegen. Man hat Jahrhunderte lang ein »Tabu« darüber gebreitet. In den Volks- und freien Kirchen wählt man schon eh und je und auch noch heute nur zu bestimmten Anlässen wie etwa am Totensonntag oder bei Beerdigungen das Sterben als Thema einer Predigt. Es wurde viel versäumt, was letztlich das Grauen vor dem Sterben fortbestehen ließ.

Auch hier einige Sätze aus dem bereits erwähnten Buch von Johann Christoph Hampe:

> »Es hätte guten Grund für die Christen gegeben, den Tod zu lieben, wenn er doch den Weg zum Reiche Gottes eröffnet, den Christus vorangegangen ist. Aber diese Haltung der ersten Christenheit ging bald verloren. Seit Augustinus wurde Sterben als Strafe und der leibliche Tod als Folge des Sündenfalles verstanden. Erst Theologen des 19. Jahrhunderts, etwa Schleiermacher und Ritschl, haben nach Jahrhunderten der Schreckenspredigten über Sterben und Tod den Gedanken gewagt, daß er für die mit Gott Versöhnten nicht mehr den Wert der Strafe habe, sondern ein Mittel der Befreiung aus dem irdischen Sein.«

Auch ich meine, wir sollten viel häufiger über die heilsgeschichtliche Bedeutung des Todes und über das eigentliche Geschehen beim Sterben im Kreise der Gemeinde Jesu Christi sprechen. Hier gilt es, et-

Dies ist meiner Seelen Anker,
der hält meinen Glauben fest,
wenn mein Leib schon als ein Kranker
sich der Fäulnis überläßt.
Jesus lebt, so leb' auch ich,
und mein Herr verkläret mich.

Philipp Fr. Hiller

was aufzuarbeiten, was viele unserer Väter durch die Jahrhunderte hindurch verdrängt haben. Dieses Thema ist von elementarer Bedeutung für einen jeden von uns und für seine Haltung zu den wichtigsten Fragen des Lebens und Ablebens, wenn er sich allein, im Kreise seiner Familie oder in der Gemeinde damit beschäftigt.

Darum folge ich nicht ungern der Aufforderung von Kirchen und Gemeinden oder anderen Glaubenskreisen, als Arzt über Fragestellungen wie die dieses Büchleins zu sprechen und dabei die Erkenntnis der modernen Medizin den klaren Aussagen des Wortes Gottes ein- und unterzuordnen. Dies gelingt übrigens ohne Mühe, wie immer, wenn wir den schlichten Wahrheiten Gottes uneingeschränkt zu glauben lernen.

Ich möchte das Thema in drei Punkten betrachten:

1. Was bedeuten Sterben und Tod
   a) für den Menschen ohne biblischen Glauben,
   b) für den biblisch glaubenden Menschen?
2. Auf welchen Boden stelle ich mich?
3. Was resultiert daraus für mein Leben?

1 a) *Was bedeuten Sterben und Tod – zunächst für den Menschen ohne biblischen Glauben?*

Die naturwissenschaftlich, biologisch orientierte Medizin von heute unterteilt zusammen mit den Geisteswissenschaften den Menschen in seine physische Existenz, also seinen Körper, und in seine

Psalm 17,15

»Ich darf dein Angesicht schauen. Ich darf mich satt sehen an deinem Anblick, wenn ich erwache.«

Gebet:

Lieber Vater, laß mich unverbrüchlich wissen, daß dieses Wort Deines Knechtes David auch für mich gesprochen ist. Auch ich darf dereinst Dein heiliges, leuchtendes Vater-Angesicht schauen und darf mich in alle Ewigkeit satt sehen an Deinem unvorstellbar schönen Anblick. So möge dies mein herrlichstes Ziel sein und mir zu Deiner Zeit geschenkt werden. Amen.

psychische Existenz, also sein Seelenleben. Der Geist wird als Intellekt verstanden und als eine Unterfunktion der Seele betrachtet.

Sterben ist für den denkenden und gut informierten Menschen von heute das Ende des physischen, also körperlichen Lebens. Im Sterben erlischt die Existenz des Leibes. Sterben ist programmiert in dem innersten Informationsspeicher unseres Körpers, dem DNS-Molekül und in einigen Zellorganellen.

Der typische Materialist von der Zeit der Aufklärung bis zu Karl Marx ging noch davon aus, daß sein psychisches, also seelisches Leben zusammen mit dem Leibe zugrunde ginge, weil es nur eine Funktion, ein Produkt dieses Leibes sei und ohne ihn nicht existieren könne.

Für den Materialisten gab es also kein Leben außerhalb des Leibes und somit auch nicht ein Leben nach dem Tode.

Soweit Menschen noch heute bewußt oder unbewußt auf dem überkommenen materialistischen Boden stehen, und das gilt leider noch für sehr viele, ist dies auch heute noch die übliche, wenn auch überholte Denkschablone.

Der informierte Mensch aber weiß, daß die Forschung im Grenzgebiet des Lebens zwischen klinischem und biologischem Tod, die Forschung im Raume der Parapsychologie und schließlich auch moderne apparative Experimente, wie etwa das Delpasse-Experiment in den USA, bewiesen haben, daß immaterielle Existenzanteile, also seelisch-geistige Wesensinhalte des Menschen, dessen Leib beim Sterben verlassen. Sie können sehr wohl au-

Mit Freud fahr ich von dannen
zu Christ, dem Bruder mein,
auf daß ich zu ihm komme
und ewig bei ihm sei.

Ich hab' nun überwunden
Kreuz, Leiden, Angst und Not,
durch seine heilgen Wunden
bin ich versöhnt mit Gott.

An dir laß gleich der Reben
mich bleiben allezeit
und ewig bei dir leben
in Himmelswonn' und Freud'.

Jena 1608

ßerhalb und getrennt von diesem Leibe existieren und Bewußtsein entwickeln.

So steht es eigentlich für den aufgeschlossen-redlichen Wissenschaftler, selbst wenn er ohne Kontakt mit dem christlichen Glauben ist, heute fest, daß das physische also biologische Sterben des Menschen nicht gleichzeitig ein Auslöschen seines psychischen Potentials, also seiner Seele bedeutet.

Der moderne Mensch ist sich darüber klar, daß er zwei Todesschwellen für den Leib zu unterscheiden hat, erstens den sogenannten klinischen Tod. Er bedeutet zum einen den Atemstillstand, also den totalen Ausfall der Sauerstoffaufnahme aus der Umgebungsluft und der Kohlensäureabgabe in die Umgebung. Zum anderen tritt wenig später als Kernereignis dieses klinischen Todes der Herzstillstand ein, also die totale Stagnation des Kreislaufes und damit des Stofftransportes im Körper. In diesem Augenblick haben wir im Elektrokardiogramm auf unserem Bildschirm keinerlei Herzkurve mehr, sondern die Null-Linie vor Augen.

Dieser Vorgang des klinischen Todes ist innerhalb einer sehr begrenzten Zeitspanne reversibel, das heißt zurückführbar, kann also durch Defibrillierung als einem Weg der Wiederbelebung über starke elektrische Schockimpulse rückgängig gemacht werden.

Gelingt dies nicht, so ist die zweite Todesschwelle nunmehr der wenige Minuten später eintretende biologische Tod. Er ist eine Einbahnstraße, das heißt er ist irreversibel, nicht zurückführbar. Aus Bereichen hinter dieser Schwelle gab es bisher keine

1. Johannes 3,2

»Wir werden IHN sehen, wie ER ist.«

Gebet:

Lieber Vater, wie freue ich mich über alles Schöne, das ich in Deiner Schöpfung sehen darf. Wieviel schöner muß es sein, meinen geliebten Herrn Jesus Christus und Dich, Du Höchster, mit den aufgetanen Augen des für mich bereiteten Geistleibes einmal von Angesicht zu Angesicht schauen zu dürfen. Alles, was ich jetzt mit meinen irdischen Augen ohne zu schauen glauben darf, werde ich dann sehen, umarmen und ohne Grenzen lieben in innigster Gemeinschaft mit Dir. Mein Herz möchte vor Freude in Sprünge gehen, wenn ich daran denke und es fast ungeduldig erwarte. Danke Vater, daß Du mir solche Verheißungen aus lauter Gnade geschenkt hast. Amen.

Rückkehr. Dieser biologische Tod bedeutet die endgültige Funktionseinstellung der einzelnen Organsysteme und der Gehirnzentren durch akuten Sauerstoffmangel. In unserem Elektro-Enzephalogramm, also der Gehirnstromableitung, tritt nunmehr ebenfalls die Null-Linie ein.

Über das, was dann kommt, schweigt auch die Wissenschaft völlig, da sie nach ihren Grundregeln ganz redlich bei dem Objektivierbaren und Reproduzierbaren bleibt.

Für den »Menschen ohne Gott« gibt es also hierüber keine objektivierbare, allgemein akzeptierte Aussage.

Er stellt sich unter einem Leben nach dem Tode noch immer einen Zustand vor, der etwas Feindseliges, Bedrohendes hat. Absolute Ungeborgenheit, eventuell ein Ausgeliefertsein an undefinierbare Verhältnisse und unbekannte Mächte produzieren in seinem Unterbewußtsein eine existentielle Angst und in manchen Situationen völlige Verzweiflung.

Selbst wenn er sich darüber durch Ablenkungsmanöver hinwegsetzt oder in Wunschvorstellungen seine Zuflucht sucht, so ist es nur ein Verdrängen zutiefst befürchteter Realitäten. Wie oft habe ich dies in Gesprächen erfahren müssen.

Jeder ungläubige Mensch, ob er noch Materialist oder bereits besser informierter Spiritualist ist, braucht hier, wenn er zu wirklichem inneren Frieden kommen will, die Aussage und das Zeugnis des Wortes Gottes, als der einzig verläßlichen Informationsquelle. Dieses frohmachende Zeugnis sind wir unserer Umgebung schuldig.

Wenn mein Erdenlauf vollbracht,
sag ich stille: Gute Nacht;
weiß, die Meinen habens gut,
stehn sie doch in deiner Hut,
Jesus!
Wenn die Sinne mir vergehn,
du wirst bleiben, bei mir stehn;
laß mich in der Todesstund
rufen noch mit frohem Mund:
Jesus – Jesus!

Dann zu Dir! – Kein fremdes Wort
grüßt mich an der Himmelspfort;
nein, beim seligen Empfang
tönt der längst geliebte Klang:
Jesus!
O wie werd ich singen dann,
wenn mein Aug Dich schauen kann!
Wie wirds tönen im Verein
mit der ganzen Brautgemein:
Jesus – Jesus!

Dora Rappard

Die zuvor erwähnte, heute breit angebotene Sterbeliteratur verheißt ihm zwar einen viel weniger qualvollen Tod, als er es bisher befürchtete, ja spricht sogar – ein wenig leichtfertig – von einem freundlichen Tod, sie vermag aber nur über die ersten Minuten nach dem Sterben Echtes zu berichten.

Danach ist der denkende, nicht glaubende Mensch von heute noch immer seinen jahrtausendealten Ängsten und Ungeborgenheiten ausgeliefert.

1 b) *Was bedeutet Sterben und Tod für den biblisch glaubenden Menschen?*

Wenn der auf dem Boden des Wortes Gottes stehende Christ die Beweise, die die moderne Wissenschaft anbietet, auch nicht nötig hat, so respektiert er sie doch und freut sich darüber, denn in ihnen wird ja das Weiterexistieren seines seelischen Lebens und des Geistes auch nach dem Sterben des Leibes experimentell beweisbar ausgesagt. Doch der Glaube gründet sich nicht auf diese Beweise. Für ihn ist das biblische Zeugnis allein die überführende Offenbarung der Wahrheit und damit der Realitäten in diesem Kosmos.

Der glaubende Christ hat gerade in dieser Hinsicht eine gewisse Erwartung, eine totale Geborgenheit in seinem Herrn. Er ist ein »Wanderer zwischen beiden Welten«, wie es Walter Flex ausgedrückt hat. Er hält es mit dem Worte Luthers, das da lautet:

Johannes 17,3

». . . Das aber ist das ewige Leben, daß sie dich, der du wahrhaftiger Gott bist, und den du gesandt hast, Jesus Christus erkennen.«

Gebet:

Lieber Vater, wie glücklich bin ich, daß es sich nicht erst dereinst entscheidet, ob es mir zum ewigen Leben reicht oder nicht, sondern daß ich dieses ewige Leben schon jetzt in mir weiß, weil ich wahrhaftig Dich, o Gott, und den Du gesandt hast, meinen geliebten Herrn Jesus Christus, erkenne. In diesem Einswerden mit Dir und dem Sohn hast Du Dein göttliches Leben in mich hineingezeugt. Dieses neue Leben in mir, das ein Stück Deiner göttlichen Natur ist, trägt meinen Namen als ein Stück von Dir und von mir und kann nicht sterben. Darum habe ich jetzt und hier ewiges Leben, der Tod liegt hinter mir und die Herrlichkeit vor mir. Anbetung, o Gott und Vater. Amen.

> »Wer einem Christen mit dem Sterben droht, tut also, wie wenn er einem guten Reiter droht, ihn auf ein Pferd zu setzen.«

Es ist des Reiters Element zu reiten, wie es das Element des Vogels ist zu fliegen. So sind es die Dimensionen des Glaubens und des Geistes Gottes im Gottesmenschen, die es ihm möglich machen, sich mit den Dimensionen der geistlichen Welten, den Gegebenheiten der Lichtwelt Gottes und seiner heilsgeschichtlichen Ziele zu befassen. Ihn hat der Geist Gottes durch den Glauben bereits zum Wissen geführt.

Dabei gibt es zwei wichtige Fakten, die der Glaubende erkennt und festhält:

1. Biblisch ist das Sterben ein kurzes Durchgangsstadium. Es bedeutet nur das biologische Ableben des Leibes, keineswegs aber das Auslöschen von Seele und Geist.

Wir alle durchleben das Sterben unseres Leibes,
sofern wir nicht noch zum Zeitpunkt der Entrückung
1. Thess. auf dieser Erde sind und ohne Sterben verwandelt
4,16.17 werden.

Nach biblischer Aufforderung sollen wir jede
2. Petr. 1,14 Angst vor diesem »Ablegen unserer Hütte«, wie Petrus das Sterben nennt, bekämpfen. Paulus möchte uns Vorbild sein, wenn er sagt:

Phil. 1,23

> »Ich hätte Lust abzuscheiden und bei Christus zu sein, denn es ist weit besser.«

Jesus lebt, mit Ihm auch ich!
Tod, wo sind nun deine Schrecken?
Er, Er lebt und wird auch mich
von den Toten auferwecken.
Er verklärt mich in Sein Licht:
dies ist meine Zuversicht.

Jesus lebt! Ihm ist das Reich
über alle Welt gegeben;
mit Ihm werd' auch ich zugleich
ewig herrschen, ewig leben.
Gott erfüllt, was Er verspricht:
dies ist meine Zuversicht.

Jesus lebt! Ich bin gewiß:
nichts soll mich von Jesus scheiden,
keine Macht der Finsternis,
keine Herrlichkeit, kein Leiden.
Er gibt Kraft zu dieser Pflicht:
dies ist meine Zuversicht.

Jesus lebt! Nun ist der Tod
mir der Eingang in das Leben.
Welchen Trost in Todesnot
wird er meiner Seele geben,
wenn sie gläubig zu Ihm spricht:
Herr, Herr, meine Zuversicht.

Christ. Fürchtegott Gellert

2. Während das Sterben ein kurzes Durchgangsstadium darstellt, ist der Tod hingegen ein langandauernder Zustand. Er bedeutet ichverhaftete Minimalexistenz in der Gottferne nach dem Sterben, die nur eintritt für den Menschen, der kein Leben aus Gott in sich hat. Das ist eindeutiges Zeugnis des Wortes Gottes, wie wir noch sehen werden.

Tod ist also ein Sammelbegriff für ein Pseudoleben in der Gottferne, in der Finsternis und in der Nähe satanischer Mächte. Satan ist der Fürst der Todesbehältnisse. Er hat die Macht des Todes und damit die unumschränkte Herrschaft über alle, die sich durch ihre selbstgewählte Gottferne in seine Nähe und in die Gewalt seiner Gefängnisse und Fesseln begeben haben.

Daß Satan diese Herrschaft bereits an Jesus Christus verloren hat und den Schlüssel des Todes herausgeben mußte durch das ihn bezwingende Opfer auf Golgatha, sei hier der Wahrhaftigkeit und Vollständigkeit wegen sofort erwähnt. Noch aber darf
Ps. 107,10 Satan dort herrschen und seine bittere Ernte des Hasses und der Angst einbringen, bis Jesus Christus zu seiner Zeit das Regiment übernimmt.

Die Menschen, die mit Gottes Hilfe den entscheidenden Glaubensschritt getan haben, werden den Zustand des Todes nie erleben, weil der lebendige Gott durch sein Wort in sie sein göttliches Leben
Jak. 1,18 hineingezeugt hat, auf daß sie zu »einer Erstlingsfrucht seiner Schöpfung würden«.

Gottes Leben in uns kann – ohne Frage – dem Tode nie anheimfallen, wenn wir auch das Durchgangsstadium des Sterbens unseres Leibes alle zu

Philipper 1,21

»Denn das Leben ist für mich Christus, und das Sterben Gewinn.«

Gebet:

Lieber Vater, habe Dank, immer wieder Dank, daß unser diesseitiges Leben schon die Innewohnung Jesu Christi in unserem Herzen bedeutet. Vielmehr noch bedeutet aber das Ablegen unserer leiblichen Hülle, die Menschen nennen es Sterben. Erst dann ist Jesus nicht mehr nur Herr in unserem Herzen, sondern der Herr über unsere ganze Person, unsere Seele und unseren Geistleib, wir sind unaufhörlich in seiner Umgebung, wir sind Glieder seines Leibes. Das aber ist wahrlich »Gewinn« und unausdenkliches Glück. Amen.

passieren haben. Für den auf dem Boden des Wortes Gottes stehenden, glaubenden Menschen, der die Rechtstat von Golgatha als für sich befreiend in Anspruch nimmt, gilt also, was Jesus Christus ausspricht:

Joh. 8,51 »Wenn jemand mein Wort bewahren wird, so wird er den Tod nicht sehen ewiglich.«

Prälat Hartenstein hat es einmal so formuliert:

»Wir Christen haben den Tod hinter uns und das Leben vor uns!
Das Sterben des Leibes ist nur noch der Aufbruch und der Auszug zum Herrn, die große Heimkehr.
Was sollen wir anders tun, als den Herrn Christus festhalten, uns unaufhörlich freuen und in sein ewiges Leben hineinglauben.«

Für den gläubigen Menschen ist also nicht der Tod, aber das Sterben der eigentliche Höhepunkt des Lebens, das Ziel und die Erfüllung dieser Erdenwanderung.

Immer deutlicher bemerken wir, daß das Wort Gottes einen inhaltlich klaren Unterschied macht zwischen dem Sterben und dem Tod. Allerdings müssen die urtextlichen Worte gewissenhaft unterschieden und zugeordnet werden, wenn es zum rechten Verständnis kommen soll.

Das Sterben als kurzes Durchgangsstadium ist immer das Ablegen von etwas, was vor Gott nicht taugt, meistens das Ablegen unseres verweslichen Leibes. Dieses steht glücklicherweise auch uns bevor.
1. Kor. 15,31 Nun sagt Paulus: »Ich sterbe täglich«, und meint

Leben aus des Todes Gründen,
das ist aller Hoffnung Grund!
Darum laßt der Welt uns künden
dieses Heil mit Zeugenmund.
Wär der Herr nicht auferstanden
aus des dunklen Grabes Banden,
gäb es in der ganzen Welt,
nichts, was unsere Nacht erhellt.

Großer Sieger, sei gepriesen,
der die Hölle überwand!
Du hast uns den Weg gewiesen
aus dem dunklen Schattenland
in das Licht des neuen Lebens,
das man vorher sucht vergebens.
Offen steht des Todes Tor!
Preis sei Dir im höchsten Chor!

Karl Geyer

in dieser Aussage, die ein anderes griechisches Wort für Sterben gebraucht, das Ablegen und Abgetrenntwerden von seelischen Eigenschaften und Eigenarten des alten Menschen. Sterben ist vom Heilsziel her gesehen also immer etwas Positives, ob es den Leib oder ungöttliche Bereiche der Seele betrifft.
Röm. 14,8 Darum gilt: »Sterben wir, so sterben wir dem Herrn.«

Der Tod hingegen ist ein langdauernder Zustand nach dem Sterben, ein Aufenthalt in der Gottferne, in den der Gläubige nach der klaren Aussage Jesu nie kommen wird oder kommen kann. Nur sein vergänglicher Leib bleibt bis zu dessen Auferstehung und Umgestaltung als Staub und doch als Samenkorn in der Erde und damit vorübergehend in der Gottferne. Darum wird der Begriff »Tod« oder »töten« korrekterweise auch bei Gläubigen in der Bibel hin und wieder nur für ihren Leib benutzt.

Im griechischen Grundtext steht die Wortfamilie »näkrosis« für das Sterben des Leibes und »thanatos« oder »thnesko« für das Zu-Tode-Kommen des Menschengeistes oder der Seele von Gott weg. Es ist bedauerlich, daß viele Bibelübersetzungen diese wichtigen Unterschiede nicht machen oder nicht sehen und darum viel Unklarheit in diesem zentralsten Verheißungsgut besteht.

Hier einige Schriftstellen, die das Gesagte bestätigen. Erst dann ist es für uns gültig.

Zunächst zum Sterben:

Pred. 3,2 »Geboren werden hat seine Zeit und sterben hat seine Zeit.«

Joh. 5,24

»Wahrlich, wahrlich, ich sage euch: Wer mein Wort hört und glaubt dem, der mich gesandt hat, hat ewiges Leben, und kommt nicht ins Gericht, sondern er ist aus dem Tode in das Leben übergegangen.«

Gebet:

Lieber Vater, ich darf laut mit »ja« antworten auf die Frage, ob ich Dein Wort gehört habe und täglich weiter höre. »Ja« darf ich antworten auf die zweite Frage, ob ich Dir glaube, o Vater, der Du den Sohn, unseren Herrn Jesus Christus, ins Fleisch auf diese Erde gesandt hast. Es ist der Eidschwur des Sohnes, daß der, welcher diese beiden Fragen aus tiefstem Herzen bejaht, schon heute ewiges und göttliches Leben in sich trägt. Das nehme ich für mich als Fundament meines Glaubens und Hoffens. Auch für mich gilt, daß ich nicht mehr ins Gericht komme und daß ich schon heute dem wahrhaftigen unverweslichen Wesen nach aus dem Tode in das Leben übergegangen bin. Dafür will ich Dich ohne Ende loben und preisen, Du liebender Vater. Amen.

Gott hat also beides gesetzt, und beides steht in Übereinstimmung mit seinem Heilswillen, sowohl
1. Mo. 2,7 das Hineingelegtwerden seines göttlichen Hauches
Ps. 31,5 Ps. 49,15 in einen sterblichen Leib, hinab in die Leidenstäler
Ps. 90,3 dieser Welt, als auch das Zurückkehren einer daraus gewachsenen Persönlichkeit in die Gotteswelt.

Das dabei zu durchschreitende Tor ist das Sterben, das Ablegen dieses sterblichen und verweslichen Leibes zugunsten eines uns von Gott bereiteten
1. Kor. 15,42 nicht verweslichen und nicht sterblichen Geistlei-
Pred. 7,1 bes. Sterben ist also mehr, ist besser als geboren werden.

Zwei weitere Schriftstellen zum Sterben:

Jesus spricht:
Joh. 12,24 »Wahrlich, wahrlich ich sage euch, wenn das Weizenkorn nicht in die Erde fällt und stirbt, bleibt es allein. Wenn es aber stirbt, bringt es viel Frucht.«

Sterben bringt also Frucht, bringt Mehrung, bringt Gewinn.

Luk. 20,36 »Denn sie können auch nicht mehr sterben, denn sie sind Engeln gleich und sind Söhne Gottes, da sie Söhne der Auferstehung sind.«

Auch das sind Worte Jesu, im Gespräch mit den Sadduzäern, in welchen er uns vor Augen führt, daß
Luk. 20,35 für solche, die »würdig geachtet sind, jener Welt teilhaftig zu sein«, nach dem Sterben die Vollendung zu geschehen beginnt. Es muß also nicht die Gottferne und damit der Tod kommen. Solche, die Jesus hier Söhne der Auferstehung nennt, können

O Tod, wo ist dein Stachel nun?
Wo ist dein Sieg, o Hölle?
Was kann uns jetzt der Teufel tun,
wie grausam er sich stelle?
Gott sei gedankt, der uns den Sieg
so herrlich hat nach diesem Krieg
durch Jesum Christ gegeben!

Es war getötet Jesus Christ,
und sieh, Er lebet wieder.
Weil nun das Haupt erstanden ist,
stehn wir auch auf, die Glieder.
So jemand Christi Worten gläubt,
im Tod und Grabe der nicht bleibt;
er lebt, ob er gleich stirbet.

Nach Georg Weissel / Justus Gesenius

dann nicht mehr sterben, denn sie haben ja keinen sterblichen Leib mehr, sondern einen himmlisch leuchtenden Geistleib.

Wir dürfen also, kindlich ausgedrückt, schon heute zur Familie Gottes gehören, auch wenn wir noch vor uns das Sterben unserer Diesseitigkeit haben, so doch im gleichen Augenblick die Rückkehr in das ersehnte Vaterhaus. Jesus sagt zunächst, wir werden den Engeln gleich sein, die auch nicht sterben können, obwohl sie nur geschaffene und nicht gezeugte Geisteswesen, eben »dienstbare Geister
Hebr. 1,14 sind, ausgesandt zum Dienste derer, die die Seligkeit ererben sollen«.

Wir sind aber außerdem Söhne (und Töchter) Got-
2. Petr. 1,4 tes, so fügt Jesus hinzu, also Teilhaber seiner göttlichen Natur und Miterben des Alls, somit viel mehr als Engel.

Eine letzte Stelle über das Sterben, ein Selbstzeugnis des Apostels Paulus:

Phil. 1,21 »Denn das Leben ist für mich Christus und das Sterben Gewinn.«

Noch einmal bezeugt es Paulus hier unüberhörbar, daß das Ablegen unseres sterblichen Leibes großen Gewinn und das Eingehen in den Geistleib große Freude bringen wird.

Es ließen sich noch viele Stellen des Wortes Gottes anführen, die über das Sterben eindeutige und beglückende Aussagen machen, auch bezüglich des bewußten Weiterlebens der Seele und des Geistes.

Nun wollen wir über einige Stellen nachdenken, die vom Tode sprechen. Es geht jetzt also nicht

Joh. 8,51

»Wahrlich, wahrlich ich sage euch: wenn jemand mein Wort bewahren wird, so wird er den Tod nicht sehen ewiglich.«

Gebet:

Du, mein Herr Jesus Christus, Dein »Wahrlich, wahrlich« ist der höchste Eidschwur in allen Himmeln und auf allen Erden, der je erklang. Damit schwörtest Du auch mir, daß ich den Tod in aller Ewigkeit nicht sehe, wenn ich Dein lebenspendendes Wort im Herzen trage und festhalte mit meinen schwachen Händen und Sinnen. Auch wenn mein Leib nur durch Sterben zur Verwandlung kommt, werden Geist und Seele fern allen Gefilden des Todes ins Licht entrückt zu Dir. Das ist mein Trost und meine Freude in allen Stunden der Nächte und der Tage. Wie liebe ich Dich und preise Dich und sehne mich nach Dir, o Herr. Amen.

mehr um das Sterben als dem kurzen Durchgangsstadium, sondern um den Tod als dem langdauernden Zustand der Gottferne nach dem Sterben.

Hes. 18,32 »Denn ich habe kein Gefallen an dem Tode des Sterbenden, spricht der Herr.«

Wir dürfen daraus entnehmen, daß Gott Gefallen hat an dem Leben des Sterbenden. Hier haben wir also in einem einzigen Vers von dem Sterben und von dem Tod eine eindeutige Aussage und zwar, daß es sich um völlig verschiedene Vorgänge handelt.

Gott spricht hier von dem Tode nach dem Sterben und von dem Leben nach dem Sterben. Er hat also »am Tode des Gestorbenen kein Gefallen«, vielmehr strebt er für jeden das Leben nach dem Sterben an.

Nach dem Sterben entscheidet sich also, ob der weitere Weg in die Nähe Gottes und damit zum eigentlichen Leben oder in die Gottferne und damit in den eigentlichen Tod führt. In jedem Falle sind auch nach dieser Schriftstelle Sterben und Tod völlig verschiedene Prozesse oder Seinszustände.

Röm. 6,23 »Der Lohn der Sünde ist der Tod.«

Nach dem Sterben wird offenbar, ob als Lohn eines gottfernen Lebens der Sünde nun der Tod in einem langdauernden Zustand der Unfreiheit sein Recht ausübt, oder ob durch Inanspruchnahme des Opfers von Golgatha trotz eines oft noch unvollkommenen Lebens im Glauben nun freies, wahres Leben in der Nähe Gottes und damit der Weg zur Vollkommenheit in ihm beginnt.

Jesus, meine Zuversicht
und mein Heiland ist im Leben.
Dieses weiß ich;
sollt ich nicht darum mich zufrieden geben,
was die lange Todesnacht
mir auch für Gedanken macht?

Jesus, Er mein Heiland, lebt;
ich werd auch das Leben schauen,
sein, wo mein Erlöser schwebt:
Warum sollte mir denn grauen?
Lässet auch ein Haupt sein Glied,
welches es nicht nach sich zieht?

Berlin 1653

Zwei weitere Schriftstellen über den Tod:

Eph. 2,1 »Auch ihr waret tot in euren Übertretungen und Sünden.«

Ein todesähnlicher Zustand, der mit dem Sterben des Leibes zunächst gar nichts zu tun hat, besteht sogar schon in diesem Leben, wenn wir in Übertretungen und Sünden, also in der Gottferne ohne Jesus verharren. Darum sagt Jesus auch:

Matth. 8,22 »Laßt die Toten ihre Toten begraben.«

Und nun eine Römerstelle:

Röm. 6,9 »Wir wissen, daß Christus, aus den Toten auferweckt, nicht mehr stirbt; der Tod herrscht nicht mehr über ihn.«

Tod ist also Beherrschtwerden nach dem Sterben.

Jesus Christus starb am Kreuz dem Leibe nach.
Jes. 53,12 Seine Seele schüttete er aus in die Gottferne, also in
Luk. 23,46 den Tod. – Seinen Geist befahl er in die Hände seines Vaters.

Solche Trennung von Geist und Seele bedeutet
Ps. 22,20 Not, große Ungeborgenheit der Seele und bittere Einsamkeit des Geistes. Diese Not war eines der
Ps. 31,15 schweren Leiden des Christus, das er um unseretwillen auf sich nahm und das der Vater miterlitt.

Beide, Seele und Geist Jesu bedurften nicht der Auferweckung. Sie schliefen auch nicht. Sie waren
Ps. 22,11–17 in sehr wachem Bewußtsein, wie wir aus mancher
Ps. 23,3–5 Psalmstelle wissen. Seine Seele war bewußt in der
2. Sam. 22,4–20 Gottferne, in der Macht des Todesfürsten. Sie be-

Joh. 11,25b

»Ich bin die Auferstehung und das Leben. Wer an mich glaubt, wird leben, auch wenn er gestorben wäre.«

Gebet:

Lieber Herr Jesus, Du bist der, welcher allein unauflösliches Leben vom Vater erhalten hat, und Du bist darum der einzige, der es weiterzeugen kann und darf in alle Wesen, die sich Dir hingeben und an Dich im Glauben hangen. Du schenkst ihnen Dein göttliches Leben, das immer Auferstehung ist und keinen Tod mehr duldet, auch wenn der Leib der Niedrigkeit gestorben wäre. Darum bin ich frei von aller Angst und allen Todeszwängen, weil Du das Leben und die Auferstehung bist und ich in Dir und Du in mir bleibst. Wie wagte ich solches zu bitten oder gar zu glauben, wenn Du es nicht gesagt, ja mir geschworen hättest. Ich rühme Deine Barmherzigkeit, Güte und nie endende Liebe. Amen.

durfte der Befreiung, der Herauslösung, nicht der Auferstehung.

1.Kor. 15,42 Auferstehung hat es also immer nur mit dem Leib zu tun, der dabei noch eine Verwandlung von der Verweslichkeit in die Unverweslichkeit erfährt und bei der Auferstehung wieder mit der Seele und dem Geiste vereinigt wird.

Jesus hatte sich, wie wir wissen, nach dem Sterben
Jes. 53,4–9 in die Hände des Todes gegeben als das Sühneopfer für die ganze Menschheit. Er hatte sich auf Golgatha ausgeliefert in den Machtbereich des Fürsten der Finsternis, um das Urteil an sich vollstrecken zu lassen, das uns allen zugedacht war, die wir das Gesetz nicht erfüllten und auch nicht erfüllen konnten we-
Röm. 8,3 gen der »Kraftlosigkeit des Fleisches«. Damit hat er uns freigemacht von allen Ansprüchen aller Mächte,
1.Petr. 1,23 alle, die wir als geistliche Keime (unverwesliche Samen) schon vor Anbeginn der Welt in ihm existierten.

So haben wir alle den Zustand des Todes schon einmal in ihm erlebt, sind also mitgekreuzigt, mitgestorben, mitbegraben und mitauferstanden in der Person Jesu Christi.

Insoweit verstehen wir nun die Aussage dieser Römerstelle, daß der Christus aus den Toten auferweckt wurde und der Tod also nicht mehr über ihn und damit auch nicht mehr über uns herrscht.

Haben wir in dieser Stelle übrigens beachtet, daß da einer herrscht in diesem Zustand der Gottferne,
Hebr. 2,14 nämlich Satan, der Fürst der Gewalt der Luft? Nach Hebräer 2 ist es Satan, der durch die Todesfurcht die ganze Menschheit – wenn möglich auch die

In des Tages Hitz und Last
bist Du meine süße Rast.
Mag da kommen, was da will,
tönt's im Herzen leis und still:
Jesus!
Wenn der Abend winkt zur Ruh,
schließ ich meine Augen zu;
doch umweht mich sanft und mild
noch das eine liebe Bild:
Jesus!

Sieger über Sünd und Tod,
auferstandner Herr und Gott,
weil Du lebest, leb auch ich.
Dein Sieg macht zum Sieger mich.
Jesus!
Nicht, daß ich's ergriffen schon,
ich Gefäß von Asch und Ton;
doch ich jage mit Begier,
schönstes Kleinod, nur nach Dir:
Jesus!

Dora Rappard

Gläubigen – in der Sklaverei hält, er, der Fürst der Gewalt des Todes, den Jesus Christus durch seinen Tod bereits zunichte gemacht, was in recht naher Zukunft durch die Wiederkehr Jesu Christi allen offenbar werden wird.

Und nun weitere Stellen über den Tod:

1. Sam. 26,16 »Nicht gut ist die Sache, die du getan hast. So wahr ihr lebt, ihr seid Kinder des Todes.«

Dieser Todesfürst hat also auch Kinder, d.h. er zeugt sein satanisches Leben in andere Seelen hinein und
Joh. 8,41 macht sie sich zu Kindern. Jesus sagt in Johannes 8 zu den dortigen Menschen, daß ihr Vater der Teufel ist – sie also Kinder Satans sind.

Röm. 7,5 In Römer 7 steht geschrieben, daß wir ehedem dem Tode, also dem Finsternisfürst, »Frucht gebracht haben«. Ein personifizierter Tod. Ein Fürst der Gewalt der Finsternis. So wie das Leben eine Person ist, nämlich Jesus Christus, so ist auch der Tod eine Person, nämlich Satan. Dies ist die eindeutige Aussage der Bibel.

Wahrlich etwas ganz anderes als der erlösende, vom Leibe befreiende Durchgang eines immer seligen Sterbens. Hier könnte der Betrug moderner Sterbeliteratur einsetzen.

Achten wir noch weiter auf Aussagen der Bibel:

2. Sam. 22,6 »Die Bande des Scheols umringten mich, es ereilten mich die Fallstricke des Todes.«

Der Fürst des Todes hat es auf unseren Fall abgesehen und spannt Stricke als hinterhältige Fallen.

Philipper 3,21

»Der unseren niederen Leib umwandeln wird zur Gleichgestalt mit seinem Herrlichkeitsleib, nach der wirksamen Kraft, mit der er vermag, auch alle Dinge zu unterwerfen.«

Gebet:

Lieber Vater, die Gebrechen und Unvollkommenheiten meines Niedrigkeitsleibes bedrängen mich arg, so daß ich fast verzagen möchte. Du aber hast geschworen, meinen nichtigen Leib aus aller Schwachheit und Qual herauszuführen und durch Deine göttliche Energie bis ins Atom hinein umzuwandeln zu einem Leib der Herrlichkeit. Er wird nur Licht und Leben sein und gleichgestaltet dem Leib meines Herrn und Hauptes. Wie preise ich Dich dafür! Amen.

Hiob 28,22 »Der Abgrund und der Tod sagen: Mit unseren Ohren haben wir ein Gerücht gehört.«

Der Tod kann also sprechen und seinen Willen in Worten äußern. Er ist eine mächtige, mit höchster Intelligenz erfüllte Person.

Übrigens gilt das gleiche auch für den Abgrund oder den Abados, wie er hier mit dem Tod zusammen in einem Vers genannt ist. Es gibt also Fürsten und Gewalten in der Mehrzahl, die in den finsteren Bereichen der Gottferne ihr Wesen und ihre Macht ausüben dürfen. Ihr Herr ist Satan.

Noch einige Bibelstellen über den Tod:

Ps. 49,14 »Man legt sie in den Scheol wie Schafe, der Tod weidet sie.«

Der Tod hat also Bereiche, auf deren Flächen er ihm untergebene Wesen in seiner dämonischen Form weidet und beherrscht. Wie anders erscheint uns der gute Hirte, der seine Schafe auf grüne Auen und zu frischen Wassern führt.

Spr. 7,27 »Ihr Haus sind Wege zum Scheol, die hinabführen zu den Kammern des Todes.«

Nicht nur Weiden, sondern auch Kammern, die ohne Licht und verschlossen sind, gibt es nach diesem Zeugnis in der Gottferne.

Ps. 107,16 An anderer Stelle ist von ihren »ehernen Türen und eisernen Riegeln« die Rede. Wie anders spricht der Herr von dem Hause seines Vaters, in dem lichte
Joh. 14,2 Wohnungen bereitet sind.

In tiefen Todesleiden
liegt, Herr, Dein Kind vor Dir.
Uns schmerzt das schwere Scheiden,
in dem es geht von hier.
Laß Du Dein Licht es sehen
mit seinem ewgen Schein,
daß es kann siegend gehen
zu Deinen Toren ein.

Du kennst des Todes Bangen,
wardst selbst versucht wie wir.
Du hast am Kreuz gehangen
und mußtest sterben hier.
Du gingst selbst durch das Scheiden
und gabst Dich in den Tod;
drum kannst Du mit uns leiden
bis in die letzte Not.

Doch hast Du überwunden
des Teufels Todesmacht,
ein ewges Heil erfunden
und Rettung uns gebracht.
Laß uns beim Scheiden schauen
Dein tröstlich Angesicht!
Dann gehn wir ohne Grauen
durchs Dunkel in das Licht.

Karl Geyer

Jes. 28,15 »Denn ihr sprechet: Wir haben einen Bund mit dem Tode geschlossen und einen Vertrag mit dem Scheol gemacht.«

Der Mensch kann also einen Bund mit diesem Todesfürsten schließen, mitunter unbewußt durch das Beharren in seiner Opposition gegen Gott und damit in seiner eigenwilligen Gottferne. Er kann einen Vertrag mit dem Scheol machen, wobei auch der Scheol ein Fürstentum und ein Ausdruck für einen speziellen Machtbereich in der Gottferne darstellt.

Wie anders der Bund, den unser Herr mit seinem Volke zu dessen Heil und Rettung geschlossen hat.

Jes. 38,18 »Denn nicht der Scheol preist dich, der Tod lobsingt dir nicht.«

Nur Individuen mit der Möglichkeit zu freier Entscheidung können lobsingen oder fluchen. Der Tod muß ein solches Individuum sein, nur lobsingt er dem Höchsten nicht, sondern er lästert ihn, so dürfen wir aus dieser Stelle ersehen. Der Scheol mit allen seinen Bewohnern preist Gott nicht, dort
Ps. 107,4–5. 10–12 herrscht Verzweiflung, Angst und Hoffnungslosigkeit.

Nun die zwei wichtigsten neutestamentlichen Stellen über den Tod aus dem Munde Jesu Christi:

Joh. 8,51 »Wahrlich, wahrlich ich sage euch: Wenn jemand mein Wort bewahren wird, so wird er den Tod nicht sehen ewiglich.«

Joh. 11,25b »Wer an mich glaubt, wird leben, auch wenn er gestorben wäre.«

Hebräer 2,14.15

»Weil nun die Kinder Blutes und Fleisches teilhaftig sind, hat auch er in gleicher Weise an denselben teilgenommen, auf daß er durch den Tod den zunichte machte, der die Macht des Todes hat, das ist den Teufel, und alle die befreite, welche durch Todesfurcht das ganze Leben hindurch der Knechtschaft unterworfen waren.«

Gebet:

Gib, o Vater, daß wir aus dieser Sklaverei der Todesfurcht, die auch uns immer wieder in ihren Bann ziehen möchte, völlig frei werden, indem wir uns täglich neu auf den Boden der Rechtstat von Golgatha stellen. Durch sie ist dem Teufel, der die Macht des Todes nur noch kurze Zeit hat, das Anrecht auf uns genommen. So liegt der Tod hinter uns und das Leben vor uns. Danke, Vater! Amen.

Jesus spricht hier davon, daß man den Tod sehen könne, er jedoch von denen nie gesehen würde, die sein Wort bewahren. Nur Personen kann man sehen, und wer den Tod als Fürst sieht, der ist in seiner Nähe, in seinem Machtbereich. Darum werden die Glaubenden, welche die Rechtstat von Golgatha für sich in Anspruch genommen haben, ihn nie sehen und nie in seinen Machtbereich gelangen können, denn in ihnen ist Leben aus Gott und Befreiung von allen Rechtsansprüchen des Todes.

Jesus sagt weiter, daß der, welcher an ihn glaubt, leben wird, auch wenn er dem Leibe nach gestorben wäre. Wieder ein deutlicher Unterschied zwischen dem Sterben als befreiendem Durchgangsstadium, und dem Leben danach als dem neuen Zustand der beglückenden Gottnähe nach dem Sterben.

Zum Abschluß der Wiedergabe von Bibelstellen über den Tod noch zwei Stellen aus den Paulusbriefen:

1.Kor. 15,26 »Der letzte Feind, der weggetan wird, ist der Tod.«

Eindeutig wird der Fürst der Gewalt des Todes Feind Gottes genannt, und es wird über ihn ausgesagt, daß er eines Tages überwunden und weggetan, für immer beseitigt und besiegt sein wird. Wir stehen also als glaubende Christen auf der Seite des Siegers, auch wenn wir uns vorübergehend noch während dieses Erdenlebens in dem Machtbereich des Fürsten dieser Welt befinden. Das Sterben wird die große Wende bringen, den Übergang in den Zustand des Sieges und zum gottgegebenen Zeitpunkt

Was hier kranket, seufzt und fleht,
wird dort frisch und herrlich gehen;
irdisch werd ich ausgesät,
himmlisch werd ich auferstehen;
hier geh ich natürlich ein,
dort da werd ich geistlich sein.

Lacht der finstern Erdenkluft,
lacht des Todes und der Höllen;
denn ihr sollt euch durch die Luft
eurem Heiland zugesellen.
Dann wird Schwachheit und Verdruß
liegen unter eurem Fuß.

Berlin 1653

1.Kor. 15,42 die Auferstehung eines nicht mehr verweslichen, unsterblichen Geistleibes.

Röm. 8,29 Phil. 3,21 »Wir werden dem Bilde seines Sohnes gleichgestaltet sein.«

So ist also das Sterben wahrlich Gewinn und hat für uns mit dem Tode gar nichts zu tun. Vielmehr wird es gerade beim Sterben offenbar, daß wir den Tod nicht sehen werden ewiglich. Darum werden wir bei diesem Sterbensprozeß unseres Leibes im Geiste jubilieren und werden dabei endlich den Herrn des
1.Joh. 3,2 Joh. 17,3 Ps. 17,15 Leibes sehen in seinem Lichte, seiner Herrlichkeit und seiner Schöne.

Nach all dem erscheint uns die Fragestellung nicht mehr richtig, ob es ein Leben nach dem Tode gibt. Vielmehr müßte die Frage lauten: Gibt es ein Leben nach dem Sterben? Als Möglichkeit gibt es das ohne jede Frage. Aber gibt es das auch für Sie? Oder haben Sie den Tod nach dem Sterben vor Augen? Daß ein Zustand bewußter Existenz nach dem Sterben für jeden eintritt, ist heute weder dem gläubigen noch dem ungläubigen Menschen, wenn er gut informiert ist, zweifelhaft. Die Frage stellt sich nur, ob dieser Zustand der bewußten Existenz nach dem Sterben für den einzelnen von uns jener Zustand ist, den die Bibel Leben und damit Gottnähe und Freiheit, nennt oder jener, den die Bibel als Tod und damit Gottferne und Unfreiheit bezeichnet.

Sie selbst können die Weichen dazu stellen, jetzt in diesem Leben, ja jetzt in diesem Augenblick. Entscheiden Sie die Frage jetzt neu, an wen sich Ihr Vertrauen und damit Ihr Glaube wendet. Ergreifen Sie

2. Kor. 5,1

»Denn wir wissen, daß, wenn unser irdisches Haus, die Hütte zerstört wird, wir einen Bau von Gott haben, ein Haus, nicht mit Händen gemacht, ein ewiges, in den Himmeln.«

Gebet:

Lieber Vater, mein irdisches Haus, dieser zerbrechliche Leib wird zu Staub zerfallen. Längst zuvor aber hast Du einen neuen Bau für mich bereitet, nicht mit Händen, sondern in Deiner göttlichen Schöpferkraft und in fürsorgender Liebe in den Himmeln. Du hast mich erforscht, wonach mein Herz sich sehnt, und hast Deinem Kind nach seinen Wünschen in Deiner Vaterliebe unendlich mehr erfüllt, als es sich vorzustellen wagte. Das ist das Ziel alles meines Denkens, Harrens und Sinnens, in diesen Bau im Himmel einziehen zu dürfen und immer in Deiner Nähe und in Deinem Licht zu sein. Amen.

willentlich wieder oder erstmalig in Ihrem Leben die ausgestreckte Hand Gottes, die Sie zum Leben, zur Nähe Gottes, zur Freiheit, zum Aufenthalt im Vaterhaus einladen will, indem Sie sich bewußt auf den Boden der Rechtstat von Golgatha stellen als für Sie verbindlich. Durch sie sind Sie befreit von allen Zwängen, von allen kosmischen Gewalten und sind frei für den Eintritt in das eigentliche Leben der Gottnähe, ja der Familie Gottes.

Damit sind wir am 2. Punkt:

Auf welchen Boden stelle ich mich?

Sicher ist aus diesen Zeilen unschwer erkennbar geworden, daß ich diese Entscheidung für Jesus Christus treffen durfte und jeden Morgen, wenn ich aufwache, neu treffe. Ich habe in die ausgestreckte Hand meines Vatergottes eingeschlagen und tue es in diesem Augenblick wieder.

Der, welcher sich so gütig herabbeugt aus seiner unendlichen Größe und Heiligkeit, herab zu mir kleinem, nichtigem Wurm, um mich in Christus herauszulösen aus meinen Gebundenheiten und Sündenverflechtungen und zu versetzen in das Reich des Sohnes seiner Liebe, den möchte ich keine Minute warten lassen, ihm mein ganzes Vertrauen und mein ganzes Herz zu schenken für jetzt und alle meine Jahre.

Wenn Sie es noch nicht getan haben, dann tun Sie es jetzt beim Lesen dieses Büchleins, dann ist auch
2. Kor. 5,17 für Sie das Alte vergangen. Die Realitäten Gottes

Ist Jesus auferstanden,
mit Herrlichkeit geschmückt,
so bist du ja den Banden
des Todes mitentrückt.
Kein Fluch drückt das Gewissen,
der Schuldbrief ist zerrissen;
denn alles ist bezahlt.

Hast Du den Tod verschlungen,
verschling ihn auch in mir;
wo Du bist durchgedrungen,
da laß mich folgen Dir.
Erfülle mein Verlangen
und laß den Kopf der Schlangen
in mir zertreten sein.

Lebst Du, laß mich auch leben
als Glied an Deinem Leib,
daß ich gleich einem Reben
an Dir, dem Weinstock, bleib.
Gib Geistessaft zur Nahrung,
gib Stärke zur Bewahrung
der Pflanzung Deiner Hand.

Friedrich Adolf Lampe

werden sich Ihnen aufschließen und die Frage der
Hebr. 2,14–15 Todesangst ist für Sie wie für mich gelöst – vorbei.

Sie wird verwandelt, lassen Sie mich das fast anstößige Wort hier aussprechen, in eine Sterbensfreude, in dem Bewußtsein, daß für uns das Sterben Gewinn und Eingang in das eigentliche Leben im Vaterhaus ist.

Sie werden dann wie ich und viele, viele Tausende anderer glaubender Christen erfahren, daß es schon in diesem Leben herrlich ist, mit diesem Herrn zu leben. Es ist gewaltig, alles Wichtige mit ihm im Gebet zu besprechen und alle Entscheidungen und Weisungen von ihm zu erbitten.

Er beweist sich als eine Realität und als der liebende, immer barmherzige Freund und Herr, dem mit allen Fasern unseres Herzens zu dienen höchste Selbsterfüllung und tiefste Freude ist.

Haben wir unsere Entscheidung verbindlich getroffen, welchem Herrn wir unser volles Vertrauen schenken wollen, so sind wir bereits beim 3. Punkt, nämlich der Frage:

Was resultiert daraus für mein Leben?

Zunächst ist die Grundstimmung meines Gemütes völlig verändert. Aus dem dumpfen Zustand der Ungewißheit und verhaltenen Hoffnungslosigkeit bin ich hineingetreten durch die frohe Botschaft der Vergebung aller Schuld und der Gewißheit alles Lebens in die große Vorfreude auf alles Kommende.

1. Petr. 1,8–9

»Ihr werdet jubeln in unaussprechlicher, herrlicher Freude, wenn ihr das Ziel eures Glaubens erreicht, das Heil eures Lebens.«

Gebet:

Lieber Vater, Du allein kannst solches sagen, denn Du hast sie alle jubeln hören, die vor mir ihren Leib abgelegt haben und zu Dir ins Licht gerückt wurden, um an das Ziel unseres Glaubens zu gelangen, ins Vaterhaus und auf alle grünen Matten, zu den frischen Quellen und zarten Blumen in dem unbegrenzten Licht Deiner göttlichen Nähe. Das ist auch meine sehnlichste Erwartung. Auch ich will jubeln und ohne Ende Dich preisen und loben in Deiner Schöne, Du Schöpfer des Alls und Herr des Lebens. Amen.

Diese tiefe Freude ist unabhängig von äußeren Umständen, sie besteht also unverändert weiter auch in großer Gefahr oder Krankheit. Ich bin »aus
Joh. 5,24 dem Tode in das Leben übergegangen«. Ich habe eine gewisse Erwartung, ich kann ein fröhlicher Mensch sein.

Schwierigkeiten und Nöte meines Lebens, die weiter bestehen und mitunter größer werden, sind kein Grund mehr zum Verzweifeln und Verbittertsein, sondern eine Gelegenheit, Glauben und Vertrauen durch seine Güte in mir zu entwickeln und die von allem Eigenen unabhängige echte Lebensfreude wachsen zu lassen.

Wenn oft von glaubenden Menschen gesagt wird, daß sie vor dem Tod keine Angst hätten, denn ihn hätten sie ja nicht mehr zu fürchten, weil das Leben ihnen bevorstünde, aber vor dem Sterben graue ihnen, so möchte ich darauf klar antworten: Gerade im Sterben unseres Leibes, manchmal auch unser Tod genannt, wird dieser gütige Vatergott seine besondere Gnade erweisen.

Ps. 116,15 »Kostbar ist in den Augen des Herrn der Tod seiner Frommen.«

Es ist ein tragischer Irrtum jahrtausendalter menschlicher Fehldeutung und pseudo-wissenschaftlicher Aussagen von heute, daß das Sterben qualvoll sei. Gerade hier hat uns die moderne wissenschaftliche Literatur von den Grenzgebieten des Lebens entscheidende und auch für uns beglückende Erkenntnisse vermittelt.

Himmelan geht unsre Bahn;
wir sind Gäste nur auf Erden,
bis wir dort nach Kanaan
durch die Wüste kommen werden.
Hier ist unser Pilgrimstand,
droben unser Vaterland.

Himmelan schwing dich, mein Geist,
denn du bist ein himmlisch Wesen
und kannst das, was irdisch heißt,
nicht zu deinem Zweck erlesen.
Ein von Gott erleucht'ter Sinn
kehrt in seinen Ursprung hin.

Himmelan! Mein Glaube zeigt
mir das schöne Los von ferne,
daß mein Herz schon aufwärts steigt
über Sonne, Mond und Sterne;
denn ihr Licht ist viel zu klein
gegen jenen Glanz und Schein.

Himmelan wird mich der Tod
in die rechte Heimat führen,
da ich über alle Not
ewig werde triumphieren.
Jesus geht mir selbst voran,
daß ich freudig folgen kann.

B. Schmolck

Wissenschaftler haben, wie wir hörten, Tausende von Sterbenden und viele Todesarten und Sterbestunden einzeln beobachtet, beschrieben, untersucht und verglichen.

Einer der Bestinformierten auf diesem Gebiet, der französische Arzt Dr. G. Barbarin, kommt zu dem Schluß – ich zitiere wörtlich:

> »Außer in dem einzigen Falle des Selbstmordes schließen sich Sterben und physisches Leiden aus. Auch dann, wenn der Sterbende seiner Umgebung ein schlimmes Schauspiel bietet, einen letzten Kampf um sein nacktes Leben mit allerlei uns erschreckenden Bewegungen zu leisten scheint und uns veranlaßt, von einem harten oder gar bösen Sterben zu sprechen, leidet er in Wahrheit nicht. Seine Wahrnehmung von diesen Vorgängen in seinem Körper ist auf den Null-Punkt herabgesetzt, seine Sinne sind gedämpft, sein Bewußtsein weilt ganz woanders. Hineintauchen in die Zone des Sterbens bedeutet ausdrücklich leiblichen Qualen enthoben sein. Wir haben im Leben viel mehr Schmerzen auszuhalten als im Sterben.«

Psychische, seelische Not angesichts nahenden, eigenen Sterbens wird uns auch nicht ankommen, wenn wir es gelernt haben, zu diesem Herrn Vertrauen zu haben und zu ihm zu fliehen, in seiner Nähe uns zu bergen und im Gebet alle nötigen Kraftzuflüsse zu erfahren.

An mancherlei Sterbebetten habe ich solche Erfahrungen machen dürfen.

Römer 8,29

»Denn welche er zuvorerkannt hat, die hat er auch zuvorbestimmt, dem Bilde seines Sohnes gleichförmig zu sein, damit er der Erstgeborene sei unter vielen Brüdern.«

Gebet:

Lieber Vater, Du hast in Deinem Herzen beschlossen, daß auch ich umgestaltet werden soll nach Geist, Seele und Leib, um meinem Herrn Jesus Christus gleichgestaltet zu sein, ja ein Stück seines Leibes, seiner Vollkommenheit und seiner Gottebenbildlichkeit zu werden. Damit hast Du schon in meinem Erdenleben begonnen. Du hast mich geduldig getragen durch Täler und über Höhen meines Lebens trotz alles meines Versagens. Dein liebendes Fürsorgen und Zurichten hört nicht auf, bis ich das Ziel erreicht habe, das Du Dir für mich ausgedacht hast, und mein Herr Jesus Christus mein erstgeborener Bruder geworden ist. Welches Wunder und welch unaussprechlicher Reichtum. Danke, Vater. Amen.

Von Ihrem Verhalten und Ihren Worten im Alltag, in Sondersituationen, auf dem eigenen oder an fremden Sterbebetten soll ein großer Friede, geistliche Gelassenheit, unverkennbare Freude und die Kraft Gottes ausgehen. Das wird auch Ihnen gelingen, wenn Sie sich einüben in die himmlischen Dimensionen.

Fritz Rienecker hat das in seinem Buch »Das Schönste kommt noch« wie folgt ausgedrückt:

> »Weil manche Christen sich das Jenseits rein geistig und gestaltlos vorstellen, darum kann der Glaube an das ewige Leben wenig Einfluß und Wirkung auf unser irdisches Leben ausüben. Gerade aus dem Anschauen der lebensvollen Wirklichkeit himmlischer Dinge erwächst jener himmlische Sinn, jenes Trachten nach dem was droben ist, was die Apostel nicht dringend genug empfehlen konnten; man fängt an, dem Herrn der Herrlichkeit entgegenzudenken, entgegenzuleben. Man lernt das Zeitliche überall auf das Ewige zu beziehen, den Himmel in das Erdenleben hereinzuziehen. Das ist der Segen des Sich-Beschäftigen mit dem Schönsten, was kommt. Die Hoffnung der Zukunft ist die Kraft der Gegenwart.«

Lassen Sie uns solcher Art jede sich bietende Gelegenheit zu einer Einübung auf das Wesentliche benutzen, ob wir nun krank sind oder gesund. Beginnen Sie, sich mehr einzustellen auf das Schönste, das da kommt, mehr daran zu denken und dahin zu sehnen. Das macht Sie desto freudiger und taugli-

Fort, fort, mein Herz, zum Himmel,
fort, fort, zum Himmel zu!
In diesem Weltgetümmel
ist für dich keine Ruh.
Wo Gottes Lämmlein weidet,
ist eine Stätt bereitet:
Da, da ist deine Ruh;
fort, fort, zum Himmel zu!

Fühlst du dich noch gebunden,
entreiß' dich nur beherzt.
Das Lamm hat überwunden,
was deine Seele schmerzt.
Wie schwingt es Seine Fahne
dort auf dem Siegesplane!
Da blühet deine Ruh:
fort, fort, zum Himmel zu!

Es eilet mit Erbarmen
der Vater selbst zu dir,
will ewig dich umarmen,
setzt dich zur Pracht und Zier,
schenkt dir die reine Seide,
Gerechtigkeit zum Kleide;
das bringet selge Ruh:
fort, fort, zum Himmel zu!

J. L. K. Allendorf

cher, diese Welt und dieses Leben zu bestehen und Ihren Familienmitgliedern und Mitmenschen eine echte Hilfe zum wahren Leben zu geben.

Lassen Sie mich zwei Tatsachenberichte vom Heimgang zweier Gottesmenschen und zwei eigene Erlebnisse an das Ende dieses Zeugnisses stellen. Was von ihnen in diesen Stunden des Ablegens ihres Leibes, wir nennen es Sterben, erlebt wurde, werden Sie und ich genauso erleben, wenn wir uns vom Geiste dieses Herrn des Lebens erfüllen lassen und ihm nachfolgen.

Zunächst ein Bericht vom Heimgang der 64jährigen Mathilde Wrede, des Engels der Gefangenen, am 25. Dezember 1928:

». . . Als Weihnachten herankam, sagte Mathilde Wrede mit großer Bestimmtheit: ›Ich fühle, daß ich den Christtag in den ewigen Welten feiern werde . . .‹ Dann schaut ihr Blick wieder sehr ernst wie in weite Fernen, und sie fügt hinzu: ›Man kann sich gar nicht vorstellen, wie es an der Grenze des Lebens ist, bis man selbst davorsteht. So wunderbar und so gewaltig ist es. Und siehst du, ich habe auch so merkwürdige Augen bekommen. Ich sehe von der andern Seite her wunderbares Licht entgegenstrahlen, und ich schaue weite, weite Gefilde – weite Gefilde und viel Licht! Nur Licht!‹

›Kommt das Licht näher?‹ fragt die Freundin, die neben ihr sitzt.

Mathilde Wrede lächelt ihr strahlendes Lächeln und antwortet: ›Nein, denn es ist ja da!‹

Psalm 116,15

»Kostbar ist in den Augen des Herrn der Tod seiner Frommen.«

Gebet:

Wir preisen Dich, o Vater, daß unser Sterben, das Ablegen unserer irdischen Hülle, in Deinen Augen kostbar ist, weil Du Dich freust auf unsere Begegnung mit Dir und auf unser Wohnen in Deiner Nähe. Wieviel kostbarer muß dieses Sterben für uns sein. Danke, Vater, daß Du so gütig bist! Amen.

Und dann fuhr sie voller Freude fort: ›Heute nacht gehe ich über die Grenze . . . – O wie freue ich mich! Bedenke, daß ich ewig leben werde – ich, die alte Mathilde Wrede, lebe in Ewigkeit!‹ sagt sie jubelnd zu ihrer Freundin. Nun ist es mit Mathildes Kraft zu Ende. Sie ist furchtbar müde, und die Atemnot nimmt immer mehr zu. Aber, in all ihrer Not ist keine wirkliche Not, denn der Engel Gottes ist ihr nahe.

In der Nacht streckt sie ihrer Freundin die Arme entgegen und sagt mit jubelnder Stimme: ›Glaubst du, daß es auf der Welt noch einen sooo glücklichen Menschen gibt, wie ich es bin? Glaubst du das? Ist das nicht wunderbar? Glaubst du das, daß irgend jemand so glücklich sein kann wie ich?‹

Die Freundin antwortet: ›Nein, ich glaube nicht, daß es hier auf Erden einen glücklicheren Menschen gibt, als du es bist!‹ Dann löschte Mathilde mit ihren letzten Kräften selbst das elektrische Licht aus und legte still ihr müdes Haupt nieder.

Als die Freundin am nächsten Morgen, dem Weihnachtsmorgen, an ihr Lager trat, war sie entschlafen. – In der Christnacht, der stillen heiligen Nacht, war sie selbst still über die große Grenze ins Licht gegangen, wie sie es vorausgeahnt hatte.«

Am 29. März 1661 starb der in England weithin bekannte, demütige Gotteszeuge der schottischen Kirche, Samuel Rutherford. Über seinen Heimgang liegt folgender Augenzeugenbericht vor:

Ich bin Fleisch und muß daher
auch einmal zu Asche werden;
das gesteh ich, doch wird er
mich erwecken aus der Erden,
daß ich in der Herrlichkeit
um ihn sein mög allezeit.

Seid getrost und hocherfreut,
Jesus trägt euch, meine Glieder;
gebt nicht statt der Traurigkeit;
sterbt ihr, Christus ruft euch wieder,
wenn die letzt' Posaun erklingt,
die auch durch die Gräber dringt.

Lacht der finstern Erdenkluft,
lacht des Todes und der Höllen,
denn ihr sollt euch durch die Luft
eurem Heiland zugesellen.
Dann wird Schwachheit und Verdruß
liegen unter eurem Fuß.

Nur daß ihr den Geist erhebt
von den Lüsten dieser Erden
und euch dem schon jetzt ergebt,
dem ihr beigefügt sollt werden.
Schickt das Herze da hinein,
wo ihr ewig wünscht zu sein.

Berlin 1653

»Je näher Rutherfords Ende kam, desto mehr wurde seine Seele mit dem Vorgeschmack himmlischer Freude erfüllt. Zuweilen brach er in eine Art von heiligem Entzücken aus, indem er seinen hochgelobten Meister Jesus, den er seinen königlichen König nannte, laut pries. Einige Tage vor seinem Tode sagte er: ›Ich werde Ihn sehen, wie ER ist; ich werde Ihn herrschen sehen und die Seinen mit Ihm. Ich werde mein großes Erbteil besitzen, und meine Augen werden meinen Heiland sehen; mit diesen meinen Augen werde ich Ihn schauen. Dies ist keine Einbildung, keine Täuschung; es ist Wahrheit. Der Name meines Herrn sei hoch erhoben. Ich habe jetzt überwunden, und Christus streckt beide Arme aus, mich zu empfangen.‹

In der letzten Nacht, in der er noch ein herrliches Zeugnis von Jesus und von dem Frieden ablegte, den er in Ihm genieße, kündete er an, er werde morgens um 5 Uhr entschlafen. Und so geschah es auch. Als er im Sterben lag, hörte man ihn ausrufen: ›O, nur Arme her, Ihn zu umarmen! O, eine wohltönende Harfe her. Ich höre Ihn zu mir sagen: Komm her zu Mir.‹ Seine letzten Worte waren: ›Gloria, Gloria, ich wohne in Immanuels Land!‹«

Und nun zwei Erlebnisse aus meiner eigenen Praxis:

In unserem ehemaligen Krankenhaus war ein mir nahestehender Mensch dicht an den Höhepunkt seines Lebens, das Sterben seiner leiblichen Hülle, gekommen. Er lag seit Tagen nach medizinischem

Freue dich, Seele, der Hölle Macht lieget!
Sünde und Satan und Tod sind besieget.
Der im Triumphe dem Grab sich enthebt,
Jesus, dein Heiland, ist Sieger und lebt.

Fasse dich, Seele, sei tapfer im Streite!
Jesus ist mit dir und kämpft dir zur Seite.
Zage nicht, wenn auch der Tod dich umschwebt!
Jesus, dein Heiland, ist Sieger und lebt!

Ignatius von Wessenberg

Urteil bewußtlos in seinem Bett. Plötzlich äußerte er sich ganz klar: »Seid stille, es kommen viele Menschen zu mir.«

Wie wir es in solchen Augenblicken oft bemerkt hatten, öffnete auch er weit und fast erstaunt seine klaren Augen und blickte auf ein fernes Ziel. Leise flüsternd waren seine letzten Worte: »Siehst du das Schöne auch?« Ohne die Anzeichen irgendwelcher Angst tat er die letzten Atemzüge und ein großer Friede breitete sich im Zimmer aus und hüllte uns ein. Der EKG-Monitor an der Wand zeigte die Null-Linie, den Stillstand des Herzens. Ein Stück Herrlichkeit der Welt Gottes hatte uns gestreift und diesen lieben Menschen aufgenommen.

Vor einiger Zeit wurde ich zu einem mir gut bekannten gläubigen Patienten gerufen. Er lag still auf seinem Bett im Kreise seiner Familie und war auf der allerletzten Wegstrecke. Ein Krebsleiden hatte sich trotz aller Behandlung ausgedehnt. Die sich einstellende Schwäche wurde von ihm zunehmend als Leichtigkeit und Zustand des Schwebens empfunden. Gerade dabei sehnte er sich nach geistlicher Speise. Ich sprach mit ihm über die Nähe seines Herrn, der seine Gerechtigkeit über ihm ausbreitete, und über den bevorstehenden Eintritt ins Reich der Himmel.

Dazu las ich ihm zwei Worte Jesu vor. Nach kurzem Schweigen hauchte er: »Nun hast du mich voll bereitgemacht. Wie ein Bergsteiger fühle ich mich auf den Gipfel heraufgezogen und sehe dort meinen Herrn im Lichte. Lebt alle wohl, ihr habt es nicht so schön wie ich.«

Hebräer 6,18b

»... die wir Zuflucht genommen haben zum Ergreifen der vor uns liegenden Hoffnung.«

Gebet:

Lieber Vater, wir nehmen auch jetzt Zuflucht in unserer Bedrängnis zu Dir, indem wir die vor uns liegende Hoffnung, wie sie Dein Wort uns leuchtend macht, mit beiden Händen ergreifen und uns daran klammern. Durch sie sind uns unaussprechliche himmlische Güter, die Du für uns bereitet hast, unverrückbar sicher. Danke! Amen.

Es könnten wohl viele Tausende solcher Zeugnisse vom Heimgang Gläubiger berichtet werden.

Ich lerne jeden Tag mehr, mich zu freuen auf das S c h ö n s t e, das immer vor uns liegt. Ich übe mich darin, es mir vorzustellen und spreche gerne mit meinen Patienten über die Schriftstellen und Zeugnisse begnadeter Gottesmenschen, die von all der Herrlichkeit der geistlichen Welt in der Nähe Jesu berichten.

Dazu trage ich ständig in meiner Brieftasche eine Karte bei mir, auf der ich dafür passende Gottesworte aufgeschrieben habe. Von ihr lese ich gegebenenfalls in der Sprechstunde oder am Sterbebett zwei bis drei dieser Gottesworte, oft in Verbindung mit ausgesuchten Liedversen, vor und spreche ein kurzes, klares Gebet.

Beide, Gottesworte und Liedverse, sind in diesem Büchlein jeweils auf den linken Seiten zusammen mit zuversichtlichen Gebeten zum Vorlesen am Krankenbett abgedruckt.

Wir wollen unseren Weg fortsetzen zum Höhepunkt des Lebens.

Nun liegt es an mir und an Ihnen, diese uns neu vor Augen gestellten Realitäten des Lebens in diesem Leibe, des Hinausgehens aus diesem Leibe und des eigentlichen Lebens nach diesem Leibe neu zu erfassen und in ihrer gesamten Tiefe und Höhe auszuleben.

Dann kann jenes Wort in unserem Leben Wahrheit werden, das der Dichter dem Gläubigen in den Mund legt, nachdem er den Ungläubigen klagen läßt:

Gott selbst ist unsere Zuversicht
auch in den letzten Nöten.
Im Sohn trug er das Strafgericht,
drum kann kein Tod uns töten.
Aus Furcht und Schmerz
wird an sein Herz
er liebevoll uns heben
ins wahre, ewge Leben.

Gott selbst ist unsere Zuversicht,
weil in des Sohnes Sendung
mit heilgem Eidschwur er verspricht
der ganzen Welt Vollendung.
Sein Gnadenrat
wird auch zur Tat,
und was er einst begonnen,
führt er zu ewgen Wonnen.

Adolf Heller

»Weiß nicht woher, weiß nicht wohin,
mich wundert, daß ich so fröhlich bin.«

Und nun der Gläubige:

»Ich weiß woher, weiß auch wohin,
das ist der Grund, daß ich so fröhlich bin.«

Dann können auch wir dankbar bekennen:

STERBEN IST DER HÖHEPUNKT DES LEBENS

1. Kor. 15,53 / 2. Kor. 3,18

»Dieses Verwesliche wird Unverweslichkeit anziehen und dieses Sterbliche wird Unsterblichkeit anziehen« –

»und so werden wir verwandelt nach demselben Bilde von Herrlichkeit zu Herrlichkeit als durch den Herrn, den Geist.«

Gebet:

Lieber Vater, wie macht mir mein sterblicher Leib Mühe und bereitet mir Schmerzen. Du aber lässest mich wissen, daß dieses Sterbliche an mir Unsterblichkeit anziehen wird wie ein Kleid aus der Höhe. Dann ist dieser ganze Todesleib verschlungen von dem Leben. Du rufst mir zu, daß ich nur mit meinem Herrn leben kann, wenn ich auch mitgestorben bin. Dann aber wirst Du mich umgestalten in dieselbe Gestalt der Herrlichkeit, die der Sohn vor Deinem Angesicht trägt. Darum sage ich ab aller Todesangst und allem Sterbensbangen und freue mich auf die Verwandlung aus Erde und Staub in lauter Licht und Herrlichkeit. Amen.

*O Lamm auf Zions Hügel,
wie herrlich siehst Du aus!
O hätt ich Adlers Flügel,
ich flög noch heut nach Haus,
wo mit Triumph und Prangen
die Deinen Dich umfangen
in ewig süßer Ruh:
fort, fort, zum Himmel zu!*

*Jedoch soll mein Verlangen
in Deinem Willen ruh'n;
mein Herz soll an Dir hangen
und was Du sagest, tun.
Ich will hier wartend stehen,
bis mich Dein Mund heißt gehen:
Fort, fort, zu Deiner Ruh,
fort, fort, zum Himmel zu.*

J. L. K. Allendorf

2. Kor. 4,17–18

»Denn das schnell vorübergehende Leichte unserer Drangsal bewirkt uns ein über die Maßen überschwengliches, ewiges Gewicht von Herrlichkeit, indem wir nicht das anschauen, was man sieht, sondern das, was man nicht sieht; denn das, was man sieht, ist zeitlich, das aber, was man nicht sieht, ewig.«

Gebet:

Lieber Vater, Dein Wort sagt uns zu, daß alle unsere Drangsal im Verhältnis eins zu unendlich aufgewogen wird durch Herrlichkeit bei Dir. Wie gering wird die Last und wie kurz die Zeit unserer Not, wenn wir uns das vor die inneren Augen führen, was wir mit den äußeren Augen jetzt noch nicht sehen, was aber ewiges Gewicht und nicht endende Wirklichkeit hat. Dafür danken wir schon heute! Amen.

Wie wird uns sein, wenn wir vom hellen Strahle
des ewgen Lichts übergossen stehn,
und, o der Wonne, dann zum ersten Male
uns frei und rein von aller Sünde sehn;
wenn wir durch keinen Makel ausgeschlossen
und nicht zurückgescheucht von Schuld und Pein
als Himmelsbürger, Gottes Hausgenossen
eintreten dürfen in der Selgen Reihn!

Wie wird uns sein! O, was kein Aug gesehen,
kein Ohr gehört, kein Menschensinn empfand,
das wird uns werden, wird an uns geschehen,
wenn wir hineinziehn ins gelobte Land.
Wohlan, den steilen Pfad hinangeklommen!
Es ist der Mühe und des Schweißes wert,
dahin zu eilen und dort anzukommen,
wo mehr, als wir verstehen, der Herr beschert.

K.J.Ph. Spitta

WEITERE R. BROCKHAUS TASCHENBÜCHER

304 **Dein Typ ist gefragt** v. O. Hallesby
305 **Freu dich, das Beste kommt noch** v. C. ten Boom
313 **Achtung: Fehlschaltung!** v. M. Horie
320 **Bete und staune** v. C. Marshall
331 **Gott tröstet** v. H. Risch
338 **Sterben – Der Höhepunkt des Lebens** v. H. Maier-Gerber
344 **Jesus ist Sieger** v. C. ten Boom
361 **Unsere Kraft wächst aus der Stille** v. O. Hallesby
371 **Aus meiner Hausapotheke** v. E. Modersohn
388 **Umgang mit der Angst** v. M. u. H. Horie
394 **Entdeckungen in der Einsamkeit** v. P. Strauch
395 **Gemeinschaft – lebenslänglich** v. U. Eggers
398 **Gentechnik – der Griff nach dem Leben** v. U. Eibach
420 **Ich war ein Atheist** v. M. Ackermann
424 **St. Pauli-Geschichten** v. D. u. R. Fischer
425 **Duett statt Duell** v. R. Ruthe
427 **Die Schöpfung bewahren** v. H.-H. Böhm
432 **Einer steht zu dir** v. Gefährdetenhilfe Scheideweg
445 **Alles relativ?** v. J. Spieß
446 **Schöpfung – Mythos oder Wahrheit** v. H. Rohrbach
448 **Wo gehobelt wird . . .** v. K. Krämer
454 **Reifwerden für Gottes neue Welt** v. H. Risch
461 **Abtreibung – Lebensschutz contra Selbstbestimmung?** v. U. Eibach
462 **Einsamkeit** v. O. Sanders
463 **Die Bibel und wir** v. T. Lardon
464 **Friede mit Gott** v. B. Graham
465 **Israel in der Endzeit** v. E. Schrupp
466 **Herr, heile mich!** v. F. Laubach
467 **Voll-Wert(h)-Kost** v. J. Werth
468 **Wenn der Glaube krank macht** v. M. Dieterich
470 **Das einfache Evangelium** v. B. Schlottoff
471 **Weiße Kleider – goldene Flügel?** v. S. Meier
473 **Ich werfe meine Freude an den Himmel** v. F. Pawelzik
474 **Lieber Doktor H.** v. M. u. H. Horie
475 **Israel und das Reich des Islam** v. E. Schrupp
476 **Wunder** v. H. Rohrbach
477 **Herausforderung Anthroposophie** v. E. Kollmar
478 **Kurz gesagt** v. K. Eißler
481 **Wenn Sterbehilfe töten darf** v. C.H. Ratschow
482 **Kleiner Sektenkatechismus** v. R. Hauth
483 **Verdrängt** v. A. Huskey
484 **Ich glaube, also bin ich** v. K. Vollmer
485 **Eine zweite Ehe?** v. H. Bräumer u. D. Cochlovius
486 **Aufatmen und neu anfangen** v. F. Gutsche
487 **Wer bist du, Adam?** v. S. Kettling
488 **Gelebte Jüngerschaft** v. O. Sanders

489 **Depression** v. M. u. H. Horie
490 **Spiel mit den Geistern** v. R. Ruthe
491 **Zu wem beten Lokomotiven?** v. J. Werth
492 **Jetzt mal ehrlich** v. M. Yaconelli
493 **Liebe am Ende – Ehe am Ende?** v. E. Rieht
494 **Planmäßig anders** v. L. Haase
496 **Leben, das vor uns liegt** v. M. u. H. Horie
497 **22 Zeitspartips** v. J. Knoblauch
498 **Tiki contra Chaos** v. W. Küstenmacher
499 **Fragen lohnt sich** v. A. McGrath
500 **Bis du's Mose?** v. W. Küstenmacher
501 **Den Aufbruch wagen** v. B. Schlottoff
502 **Die älteste Evangelien-Handschrift?** v. C. P. Thiede
503 **Was wir heute feiern** v. M. Haupt
504 **Telefonieren mit Tiki** v. W. Küstenmacher
505 **Familie als System** v. M. u. H. Horie
506 **Jesus für Skeptiker** v. J. Spieß
507 **Und Lydia öffnete ihr Haus** v. L. Haase
514 **Gespendetes Leben** v. K.-F. Seibel
515 **Warum muß ich immer helfen?** v. N. van der Voet
516 **Der Himmel läßt grüßen** v. J. Werth
517 **Der verlorene Chip** v. T. Ehlert
518 **Betrifft: Kirche und Homosexualität** v. U. Eibach u.a.
519 **Im Namen des Satans** v. J. Hauskeller
812 **Rocky, der Mann mit der Maske** v. M. Ackermann
817 **Die Zuflucht** v. C. ten Boom
821 **Ein Taxi bitte!** v. L. Schmechel
825 **Biggi – Eine von der Reeperbahn** v. M. Ackermann
831 **Kiddy – Von Kurdistan zum Bahnhof Zoo** v. M. Ackermann
832 **Ein Engel im Milieu** v. F. Pawelzik
838 **Lieber ganz als gar nicht** v. R. Kauffmann
839 **Locke sie wie eine Taube** v. J. West
841 **Blöken kann jedes Schaf** v. H. Traub
842 **Das Glück in der Tüte** v. F. Pawelzik
843 **Weggetaucht ins Land der Hoffnung** v. W. Bock
844 **Jasmin – Zwischen Trümmern wächst die Hoffnung** v. M. Ackermann
845 **Um Füße bat ich und er gab mir Flügel** v. D. C. Wilson
846 **Weißt du, wie der Kuckuck ruft?** v. S. Singer
847 **Zwei Karten für den wilden Oskar** v. R. Kauffmann
848 **Ich laß es mir nicht wegmachen** v. M. Ackermann
849 **Faustrecht – Einer durchbricht den Teufelskreis** v. R. Fietzke
850 **Kopf hoch, auch wenn der Hals schmutzig ist** v. H. Knorn
852 **Mit Gott durch dick und dünn** v. C. ten Boom
853 **Nur keine Panik** v. R. Kauffmann
854 **Wechselnde Horizonte** v. W. Leich
855 **Die Jesus-Freaks** v. M. Ackermann
856 **Zähle die Tage meiner Flucht** v. M. Kirk
857 **Harry** v. F. Pawelzik
858 **Shirsat** v. S. Singer
859 **Dennoch** v. C. ten Boom

Kleine Auszeit Romane
auch als Hörbuch erhältlich

Tamera Alexander
Weihnachten auf Carnton
ISBN 978-3-96362-083-6

Tamera Alexander
Savannah
ISBN 978-3-96362-068-3

Elizabeth Musser
Im Schatten der Magnolien
ISBN 978-3-96362-069-0

Karen Witemeyer
Ein Job für Neill Archer
ISBN 978-3-96362-070-6

Die Alaska-Serie von Dani Pettrey

Wilde Wasser
ISBN 978-3-86827-484-4
336 Seiten, Paperback
auch als e-Book erhältlich

Alaska:
Bailey Craig hat sich geschworen, niemals nach Yancey zurückzukehren. Doch ein mysteriöser Flugzeugabsturz lässt der erfolgreichen Hochschuldozentin keine andere Wahl: Sie muss sich den Schatten der Vergangenheit stellen ...
Cole McKenna hat keine Angst vor gefährlichen Rettungsmissionen. Auch der Verdacht, dass ein Mörder in seiner Heimatstadt sein Unwesen treiben könnte, versetzt den passionierten Tiefseetaucher nicht in Panik. Doch das Zusammentreffen mit seiner Jugendliebe Bailey Craig lässt das Blut in seinen Adern stocken. Gut, dass Cole den ganzen McKenna-Clan an seiner Seite weiß. Zusammen mit seinen Geschwistern und dem Polizisten Landon versucht er Licht in die rätselhaften Vorfälle in Yancey zu bringen ... nicht ahnend, dass er sich damit in wilde Wasser begibt – und Bailey gleich mit.

Das Baltimore-Team von Dani Pettrey

Die Sünden aus der Vergangenheit
ISBN 978-3-96362-042-3
287 Seiten, Paperback
auch als e-Book erhältlich

Mit seiner Vergangenheit hat Griffin McCray eigentlich abgeschlossen: Nach einem missglückten Einsatz kündigte er seinen Job als Scharfschütze einer Polizeieinheit und arbeitet seitdem als Park Ranger auf den historischen Schlachtfeldern von Gettysburg. Mit der Ruhe ist es allerdings vorbei, als er auf einer seiner Patrouillen eine Leiche entdeckt und die attraktive Dr. Finley Scott die Ermittlungen aufnimmt.
Für die forensische Anthropologin steht schnell fest, dass der Tote erst kürzlich ermordet wurde, allem Anschein nach von einem professionellen Scharfschützen. Als sich ausgerechnet Declan Gray, FBI, und Parker Mitchell, Gerichtsmediziner, in die Ermittlungen einschalten, gerät Griffin vom Regen in die Traufe. Plötzlich steckt er mittendrin in dem Fall und ihm bleibt keine andere Wahl, als sich seiner Vergangenheit zu stellen ...